LA COMMISSION INTERMÉDIAIRE

DE

L'ASSEMBLÉE PROVINCIALE DE TOURAINE.

5/

Extrait de la *Revue de Législation française et étrangère.*

TOULOUSE, IMP. A. CHAUVIN ET FILS.

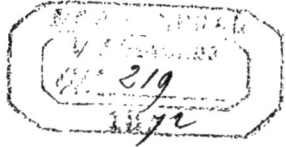

LA

COMMISSION INTERMÉDIAIRE

DE

L'ASSEMBLÉE PROVINCIALE DE TOURAINE

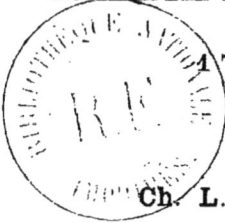

1787—1790

PAR

Ch. L. GRANDMAISON

Chevalier de la Légion d'honneur,
Archiviste d'Indre-et-Loire, Correspondant du Ministère de l'instruction publique,
Ancien président de la Société archéologique de Touraine.

PARIS

ERNEST THORIN, ÉDITEUR

7, RUE DE MÉDICIS, 7

—

1872

LA COMMISSION INTERMÉDIAIRE

DE

L'ASSEMBLÉE PROVINCIALE DE TOURAINE.

1787 — 1790

> « La plupart de ceux même qui en France parlent
> » contre la centralisation ne veulent point au fond la
> » détruire : les uns, parce qu'ils tiennent le pouvoir ;
> » les autres, parce qu'ils comptent le posséder...
> » Pour obtenir et garder la décentralisation, le peu-
> » ple ne doit compter que sur ses propres efforts ; et
> » si lui-même n'a pas le goût de la chose, le mal est
> » sans remède. »
>
> (A. DE TOCQUEVILLE, *Notes d'un voyage
> en Angleterre.*)

Les Assemblées provinciales établies en 1787 dans tous les pays d'élection, à l'imitation de ce qui avait lieu pour les pays d'états, ont trouvé dans M. Léonce de Lavergne un historien habile et consciencieux. Plusieurs articles publiés par lui dans la *Revue des Deux-Mondes* en 1861-62, et depuis réunis en volumes, ont sérieusement appelé l'attention publique sur cette tentative de décentralisation, essayée par la monarchie aux abois, et sur laquelle les historiens de notre Révolution n'avaient jusque-là que peu ou point insisté.

Il est permis de penser que l'idée de ce livre a été suggérée à M. de Lavergne par un remarquable chapitre de l'ouvrage de M. de Tocqueville sur l'ancien régime et la Révolution, intitulé : *Comment une grande révolution administrative avait précédé la révolution politique, et des conséquences que cela eut* (1).

M. de Lavergne juge cette tentative plus favorablement que ne l'avait fait M. de Tocqueville, et il donne, par régions, un tableau général de ce que furent les Assemblées provinciales. Malheureusement ces Assemblées ne se réunirent qu'une fois, à la fin de 1787, et jusqu'à l'établissement du régime départemental, au milieu de 1790, on ne voit absolument fonctionner que les Commissions intermédiaires, élues par chaque Assemblée et destinées d'abord simplement à les suppléer pendant l'intervalle des sessions. Il résulte de là que le véritable rôle administratif se trouva dévolu aux Commissions intermédiaires; or, on chercherait vainement ce rôle dans le livre de M. de Lavergne, qui parle à peine de ces Commissions. Il serait injuste de lui en faire un reproche, car un travail d'ensemble, comme celui qu'il s'était proposé, n'est guère possible que sur les Assemblées provinciales, dont les procès-verbaux ont été imprimés, tandis que ceux des Commissions intermédiaires, restés manuscrits, sont encore aujourd'hui enfouis dans les archives de chaque chef-lieu d'intendance, quand ils n'ont pas été détruits par le temps ou par les hommes. Cependant, je le répète, les Commissions intermédiaires ont seules joué un véritable rôle, aujourd'hui encore complétement ignoré, mais auquel la nouvelle loi départementale, en créant une institution analogue, vient donner un intérêt d'actualité qui jusqu'ici lui avait fait défaut. Une étude générale exi-

(1) En 1845, cependant, M. le baron de Girardot avait déjà publié un *Essai sur l'Assemblée provinciale du Berry*. Citons aussi un remarquable travail de M. de Luçay, paru en 1857.

gerait tout d'abord des déplacements longs et dispendieux auxquels il ne m'appartient pas de me livrer ; mais j'ai pensé que les esprits réfléchis aimeraient à assister aux différentes phases de l'existence de l'une de ces Commissions intermédiaires, ayant fonctionné au centre de la France.

D'ailleurs, je suis très-fondé à croire, d'après les excursions que j'ai pu faire en dehors du domaine choisi par moi, que les choses se passèrent à peu près partout de même, et qu'il est permis de dire au lecteur, en cette circonstance, *ab uno disce omnes.*

La première pensée de ce travail remonte à plusieurs années, à l'époque où l'illustre auteur de la *Démocratie en Amérique* achevait de réunir dans les archives d'Indre-et-Loire, dont la garde m'était dès lors confiée, les matériaux de son beau livre, malheureusement demeuré inachevé, sur l'ancien régime et la Révolution. Je ne me rappelle pas, sans une véritable émotion, cette année 1854, pendant laquelle il me fut donné de jouir, presque chaque jour, du précieux et fortifiant commerce de ce grand et noble écrivain, chez qui, aux lumières les plus brillantes de l'esprit et aux plus viriles qualités de l'âme, se trouvaient jointes les mœurs les plus douces et les plus charmantes. Déjà il était atteint de la redoutable maladie qui devait, quelques années plus tard, le ravir avant l'âge à la France qu'il honorait par ses talents et par son caractère, et à laquelle il aurait pu encore rendre d'inappréciables services. Qui de nous, en effet, en ces jours troublés et pleins d'angoisses que nous traversons, ne regrette profondément que Tocqueville ne soit pas là pour prêter à la régénération de la patrie le précieux concours de sa merveilleuse intelligence des choses politiques et de cette haute moralité qui lui avait valu l'estime et le respect de tous les partis ?

Au cours de son travail, je fus assez heureux pour lui fournir de nombreux matériaux tirés des archives de l'intendance de Tours ; ainsi, du reste, qu'il a bien voulu le reconnaître dans sa préface, ainsi surtout qu'il n'a pas hésité à me le témoigner au lendemain même de la publication de son livre par une lettre trop bienveillante et trop honorable pour ne pas m'être infiniment précieuse.

Je ne m'épargnais point à lui chercher des documents dans le chaos non encore débrouillé des archives de notre intendance, et comme récompense de mes peines, il m'était donné de voir fonctionner pour ainsi dire à découvert ce rare et grand esprit, d'assister aux différentes opérations de sa pensée, depuis l'établissement du plan et de la charpente de son livre, jusqu'à ce qu'il appelait lui-même la partie ornementale et qui, pour être sobre et sévère, n'en était pas moins toujours très-soignée.

C'est donc en faisant des recherches à son intention que la vue des nombreux documents que je possédais sur ce qu'on pourrait appeler les prodromes de la Révolution en Touraine, me donna la pensée d'une étude sur ce point de notre histoire ; il voulut bien m'y encourager lui-même ; mais sa mort, arrivée peu de temps après, d'autres travaux survenus depuis, m'en firent différer l'exécution d'année en année. Aujourd'hui, je ne veux traiter qu'un coin de ce vaste sujet, me bornant à la partie que je crois la plus neuve et qui est relative au rôle joué par la Commission intermédiaire de l'Assemblée provinciale. En ce qui concerne cette dernière, je suppose,

que mon lecteur a connaissance du livre de M. de Lavergne sur la matière, et je me borne aux indica-
tions les plus essentielles.

J'ai pensé, d'ailleurs, que dans une question aussi
nouvelle il importait tout d'abord de bien établir et
de bien caractériser les faits, et que le meilleur moyen
d'y arriver était de laisser le plus possible la parole
aux textes eux-mêmes.

I

La généralité de Tours était la plus grande de toutes celles des pays d'élection. Elle comprenait trois
provinces : la Touraine, le Maine et l'Anjou ; seize
élections et seize cents vingt et une paroisses ; sa
superficie était de 1,342 lieues anciennes, et sa population d'environ 1,250,000 habitants. Lorsqu'en 1787
Louis XVI se décida à étendre au royaume tout entier l'institution des Assemblées provinciales, déjà
essayée depuis 1778 dans le Berry et la haute
Guyenne, et à en doter chaque généralité, la gran-
deur de celle-ci et les différences très-sensibles qu'of-
fraient les trois provinces qui la composaient, suggé-
rèrent au législateur l'idée d'y créer deux Assemblées :
une Assemblée générale formée des représentants des
trois ordres : clergé, noblesse et tiers-état de toute la
généralité, et trois Assemblées provinciales offrant la
même composition pour la Touraine, le Maine et
l'Anjou. La première eut pour président l'archevêque
de Tours, M. de Conzié, et la seconde, la seule qui
nous intéresse ici, M. le duc de Luynes, grand sei-
gneur, éclairé et libéral, dont le duché-pairie avait
son siége à quelques lieues de Tours et s'étendait jus-

qu'aux portes de la ville. Chaque Assemblée eut sa
Commission intermédiaire qui fonctionna séparément
jusqu'à la disparition de l'institution ; mais ce n'était
là vraisemblablement qu'un état provisoire, et d'ailleurs, dans la pratique, c'est l'Assemblée provinciale
qui a la part vraiment effective ; la générale n'est guère
qu'un agent de transmission par lequel doivent passer
les décisions de l'autorité supérieure. C'est donc la
première seulement qui va faire l'objet de cette
étude.

L'Assemblée provinciale de Touraine ne se réunit,
à proprement parler, qu'une seule fois, du 29 octobre
au 6 novembre 1787, car on ne saurait compter pour
beaucoup la session préliminaire du 6 au 14 octobre.

On peut voir, par ses procès-verbaux imprimés (1),
que le principal résultat de ses délibérations fut la
division de la Touraine en huit districts et l'organisation de sa Commission intermédiaire et des bureaux de
districts appelés à fonctionner sous la direction de
cette dernière. Sur les questions d'impôts et de travaux publics, tout se borna à des rapports et à des
discours qui ne manquent pas d'une certaine hardiesse,
bien qu'on s'aperçoive que l'Assemblée n'a pas un
sentiment très-net de l'étendue de ses pouvoirs. L'élection de la Commission intermédiaire eut lieu dans la
séance du 12 octobre 1787. Les membres élus furent
pour le clergé, M. l'abbé Dufrementel, chanoine de
Saint-Martin, prévôt d'Anjou et vicaire général du
diocèse ; pour la noblesse, M. le comte de la Motte-
Baracé, propriétaire du château du Coudray-Montpen-
sier ; pour les villes et paroisses, MM. Barbet, avocat,

(1) A Tours, chez Vauquer, en 1787, in-4°.

lieutenant du maire à Tours, et Delaunay, également avocat et plus tard député à la Convention nationale. A ces membres furent adjoints les deux procureurs syndics de l'Assemblée provinciale, M. l'abbé Delavau, chanoine et procureur de Saint-Martin, et M. Mignon, procureur du roi au bureau des finances de Tours. C'étaient tous des hommes distingués par leurs lumières et leur dévouement à la chose publique, surtout M. l'abbé Dufrementel, président de la Commission, fils d'un jurisconsulte éminent de la province, d'abord lui-même destiné au barreau et très-versé dans tout ce qui touchait aux coutumes et à l'histoire locales, ainsi que le prouve la part prépondérante prise par lui pendant plusieurs années à la rédaction de l'*Almanach historique de Touraine*.

Le clergé, comme on voit, était largement représenté dans la Commission; un de ses membres avait la présidence, en vertu d'un article de l'édit de création portant que lorsque le président d'une Assemblée appartiendrait à la noblesse, celui de la Commission intermédiaire serait choisi dans le clergé, et *vice-versa*. Quant au tiers-état, il était bel et bien exclu des fonctions présidentielles. On ne voit guère figurer sur cette liste qu'un seul grand propriétaire, M. le comte de la Motte-Baracé, qui, du reste, ne prend qu'une part assez restreinte aux travaux de la Commission et ne signe que très-rarement le registre des délibérations. Cependant la pensée de Necker avait été d'attacher, par cette institution, les principaux propriétaires à leur province, en leur donnant un rôle actif dans les affaires locales (1). Mais il ne faut pas oublier que le

---

(1) Rapport adressé au roi par Necker, en 1778.

clergé doit être, à cette époque, compté au nombre des propriétaires du sol, et aujourd'hui même, il serait peut-être difficile de former dans beaucoup de départements une réunion d'hommes de la valeur de ceux que l'Assemblée provinciale de Touraine avait pu choisir dans son propre sein.

Dans la séance du 13 octobre, à la suite d'un rapport de M. l'abbé de Baraudin sur les opérations dont la Commission intermédiaire doit être chargée, l'Assemblée provinciale arrête un plan général qui comprend à peu près toutes les matières concernant les impositions, l'administration des municipalités, la voirie, la navigation des rivières et canaux, le commerce, l'agriculture, l'assistance publique. D'après l'édit du Roi, de juin 1787, complété par le règlement du 12 août de la même année sur les fonctions des Assemblées générales et provinciales créées dans les généralités de Tours et d'Aquitaine, toutes ces matières rentraient dans les attributions de l'Assemblée provinciale, dont la Commission intermédiaire était le représentant direct et permanent. La délégation faite par chaque Assemblée à sa Commission pouvait être, sans doute, plus ou moins étendue; cependant la partie principale et essentielle découlait forcément de la nature même de l'institution, et plusieurs points avaient été décidés par les règlements et instructions remis au nom du Roi à l'Assemblée par l'intendant, toujours demeuré dans la généralité le représentant de l'autorité suprême, bien que ses pouvoirs eussent éprouvé une sensible diminution. Celui de Tours était, depuis 1783, M. d'Aine, maître des requêtes au Conseil d'Etat, qui avait précédemment occupé les intendances de Pau et de Limoges. Beau-frère du célèbre baron d'Holbach et membre de l'Académie de Berlin, c'était un homme instruit et lettré, ainsi que le prouvent ses traductions des églogues de Pope et de l'*Economie de la vie humaine*, de Robert Dodsley. Comme administrateur, il ne paraît pas s'être élevé au-dessus du médiocre, et était assurément fort inférieur à M. Ducluzel, auquel il avait succédé.

Il nous sera sans doute permis d'entrer ici dans quelques détails, en considération de l'obscurité qui règne encore sur l'état de l'administration française à la veille même de la Révolution. En effet, nous possédons des notions assez précises et assez complètes sur l'organisation politique et civile des Romains et des Grecs, voire même des Egyptiens; mais nous ignorons le plus souvent sous quel régime ont vécu nos grands-pères.

Les trois principales branches de l'administration dont la surveillance et la direction furent confiées à la Commission intermédiaire sont :

1° L'assiette et la perception des impôts ;

2° La tutelle des municipalités;

3° Les ponts et chaussées.

Avant 1787, ces différentes parties du service administratif étaient entièrement sous l'autorité de l'intendant, et voici comment s'exerçait cette autorité.

Parmi les impôts, fort nombreux sous l'ancien régime, les principaux étaient la taille et les vingtièmes, auxquels on peut joindre la capitation et la corvée en argent, calculée au marc la livre de la taille.

La taille remontait au moyen âge. Ayant été établie dans un temps où la noblesse tout entière devait le service militaire, elle ne portait que sur les roturiers. Le montant, pour chaque élection, était arrêté au Conseil et notifié par lettres du Roi à l'intendant, qui, aidé des élus, en faisait la répartition entre les communautés de chaque élection de sa généralité. L'établissement de la quote-part de chaque contribuable appartenait à des asséeurs qui, depuis le commencement du dix-septième siècle, étaient les mêmes que les collecteurs. Ces derniers, qui sont élus par la communauté et pris parmi les habitants, répartissent l'impôt sans autre règle que leurs appréciations, le rôle des années précédentes ne faisant pas loi. On comprend que, dans ce système, la faveur, la crainte de charger un successeur, tout contribue à accabler le pauvre, qui n'a pas d'appui et qui se fait d'autant plus pauvre que, s'il paie bien et facilement une année, il court risque d'être augmenté l'année suivante. Aussi l'impôt rentre-t-il mal et fort lentement. Mais les collecteurs sont responsables du recouvrement des deniers, et même contraignables par corps, ce qui constitue une charge véritablement écrasante, contre laquelle s'élèvent de toutes parts des réclamations aussi vives qu'infructueuses.

Les vingtièmes, établis à la fin du dix-septième siècle, frappent la noblesse comme la roture, et en cela ils diffèrent de la taille. Les rôles sont dressés par les contrôleurs, sous l'autorité du directeur des vingtièmes, lui-même soumis à l'intendant ; mais il n'existe point de matrices, et l'opération n'a d'autres bases que les rôles précédents et les déclarations des particuliers. L'intendant juge toutes les réclamations concernant la taille et les vingtièmes, et il en est de même pour la capitation, qui était un impôt personnel, devant, en principe, peser sur tous les citoyens, répartis en vingt-deux classes d'après leur fortune présumée, mais qui, dans la pratique, donnait lieu à de monstrueuses faveurs et inégalités.

Jusqu'au dix-septième siècle, les communautés qui ne possédaient pas de Corps de ville, c'est-à-dire toutes les communautés rurales, avaient pour magistrats les juges seigneuriaux, et pour comptable un syndic nommé par les habitants et leur rendant ses comptes. Les contestations, lorsqu'il en survenait, étaient tranchées par le juge. Dès leur création, les intendants, soutenus par le pouvoir royal, entreprennent d'enlever cette tutelle à l'autorité judiciaire, et, après une lutte prolongée, ils y parviennent complétement vers le milieu du dix-huitième siècle. Depuis cette époque, c'est l'intendant ou son subdélégué qui arrête les comptes communaux, préside aux adjudications des biens, connaît des contestations relatives aux nominations des syndics et même les nomme d'office et sans élection. C'est lui qui autorise et surveille les réparations des églises et des presbytères ; nul procès, emprunt ou aliénation de biens ne peut avoir lieu sans son autorisation. La tutelle est dès lors pleine et entière, comme on voit, et depuis on n'a pas su faire plus.

Les choses se passèrent à peu près de la même façon pour les ponts et chaussées. Ce service, d'abord abandonné aux officiers de justice, baillis, prévôts, etc., avait été attribué, par une ordonnance de 1508, aux trésoriers de France, puis, en 1599, au grand-voyer, et, après la suppression de cette charge, il était revenu, en 1626, aux trésoriers de France ; mais ils n'en jouirent pas longtemps, car les intendants, par des usurpations successives, arrivèrent à ne leur laisser que la partie du contentieux. Au dix-huitième siècle, c'est donc l'intendant qui dirige tout le service, sous la surveillance du contrôleur général des finances, puis du directeur général des ponts et chaussées. C'est à cette époque qu'appartiennent tous nos grands travaux, si on excepte les levées, qui avaient une administration à part embrassant le cours d'un fleuve. Il existait bien auparavant des voies de communication, dont quelques-unes remontaient aux Romains, ou même plus haut ; mais ce n'étaient pas là de véritables routes régulièrement construites et entretenues.

En 1787, lors de l'entrée en fonctions de la Commission intermédiaire, notre viabilité, trop lontemps négligée, avait déjà fait de grands progrès, grâce à l'énergique impulsion des intendants et à l'habile direction des ingénieurs en chef des ponts et chaussées. D'après un état conservé dans les archives d'Indre-et-Loire, les routes alors en construction et dont plusieurs se trouvaient fort avancées, étaient au nombre de quatorze, savoir :

Deux routes de première classe : Paris en Espagne par Orléans et Tours ; Paris en Espagne par Chartres.

Cinq routes de deuxième classe : Tours en Berry par Loches ; Blois au Blanc par Montrésor ; Tours en Normandie par Château-du-Loir ; Tours à Rennes par Château-la-Vallière ; Tours à Rouen par La Chartre.

Sept routes de troisième classe : Tours à Bourges par Véretz ; Tours à Saumur par Ballan ; Chinon à Châtellerault par Champigny ; Châtellerault à Preuilly par La Guerche ; Amboise aux Montils par Mosnes ; Loches à Preuilly par Charnizay ; Tours à Saumur par Bourgueil. (C. 163.)

Ces quatorze voies forment comme le premier ca-
nevas de ce magnifique réseau de routes nationales
et départementales qui fait du département d'Indre-et-Loire l'un des mieux percés de la France
entière.

Telle était, à la fin de 1787, l'action de l'intendant
sur ces différentes branches du service administratif
dont elles constituent la portion la plus essentielle.
Voyons quelle part fut faite dans chacune d'elles à
l'Assemblée provinciale ou à sa Commission intermédiaire.

En ce qui concerne les impôts, le département
de 1788 ayant été déjà fait par l'intendant, tout ce
qui est ou peut être la suite de cette opération : la
confection et l'arrêté des rôles des vingtièmes, les
demandes en décharge et modération de la capitation
pour cause d'incendie, grêle, inondation ou surtaxe,
est du ressort de la Commission intermédiaire. Dans
les questions de surtaxe, la Commission ne statue
qu'en première instance ; si sa décision n'est pas ac-
ceptée par le réclamant, l'affaire devenant contentieuse
est portée devant l'intendant qui décide, sauf recours
au Conseil. Mais il était bien rare que l'intendant se
montrât plus large que la Commission dans l'application des lois fiscales, et l'on peut dire, qu'en fait,
cette juridiction, aujourd'hui attribuée aux Conseils
de préfecture, passa tout entière aux mains des Commissions intermédiaires, ainsi qu'il résulte de lettres
écrites par le contrôleur général en septembre 1789.
Cette matière, du reste, fut réservée à la Commission
générale, sans doute pour justifier son maintien, car
nous ne lui voyons point remplir d'autres fonctions
effectives.

Quant à la tutelle des communes, elle appartient désormais à la Commission provinciale. C'est cette dernière qui décide, au moins en premier ressort, toutes les questions relatives à la constitution des municipalités et à la nomination des syndics, qui vérifie leurs comptes et répartit entre elles les sommes portées dans l'état des travaux à faire dans la province, état dont la proposition lui appartient, mais dont l'exécution ne peut être autorisée que par arrêt du Conseil. De plus, et ce n'est point là le moindre de ses priviléges, pendant l'absence de l'Assemblée provinciale, la Commission procède seule à l'adjudication, direction et réception des travaux exécutés sur les fonds de la province, et les dépenses de cette nature ne doivent être acquittées que sur ses mandats. Les agents des ponts et chaussées se trouvent entièrement placés sous ses ordres. L'instruction remise par M. d'Aine le 12 novembre 1787 est formelle à cet égard : « Les Assemblées et leurs Commissions, » lisons-nous dans la cinquième partie, « auront sous » leurs ordres immédiats les ingénieurs, inspecteurs » et élèves des ponts et chaussées. Elles leur prescriront ce qu'elles jugeront convenable pour la rédac- » tion des projets à exécuter et pour la suite et exé- » cution de ces travaux. Elles rendront compte de » leurs services au contrôleur général des finances, » et les gratifications qui devront leur être accordées » seront réglées sur leurs propositions. » Tous les comptes de la province doivent être rendus devant la Commission, et alors, mais alors seulement, elle est présidée par l'intendant, qui a voix prépondérante. Enfin les Assemblées provinciales et leurs Commissions pouvaient correspondre entre elles et adresser au gouvernement toutes les propositions et mémoires qu'elles jugeraient utiles à la province (1).

Ce simple résumé des attributions de la Commission intermédiaire provinciale suffit pour montrer qu'elle était la cheville ouvrière du système de décentralisation essayé vers la fin de la monarchie, et qu'on se trompe en répétant, après M. de Lavergne, qu'elle avait pour but de surveiller l'intendant et non de le remplacer. Le remplacement est bien réellement dans la lettre et dans l'esprit des édits et des instructions du Roi. Nous trouvons, il est vrai, au-dessus d'elle la Commission intermédiaire générale ; mais cette dernière n'est, à proprement parler, qu'un agent de transmission. Dans la séance de l'Assemblée générale du 23 novembre 1787, le bureau de la comptabilité et des règlements en avait même proposé la suppression, comme étant tout à la fois onéreuse et inutile. Elle ne pouvait être chargée que des objets communs aux trois provinces ; or, disait le rapporteur, ces objets sont : 1° Les grandes routes qui « traversent » toute la généralité, et il n'y en a pas à faire dans » le moment actuel ; 2° les canaux qui seraient dans » le même cas, et il ne s'en trouve pas non plus. » Quant aux Commissions établies dans chaque district, elles n'ont, pour ainsi dire, pas de vie propre, et jouent vis-à-vis de la Commission provinciale à peu près le même rôle que les sous-préfectures vis-à-vis des préfectures, surtout dans notre généralité où les assemblées de district ne furent jamais établies.

Il ne faut pas oublier d'ailleurs que l'Assemblée pro-

(1) Edit du mois de juin. Règlements du 18 juillet et du 12 août 1787, *passim*.

vinciale ne fut plus convoquée après 1787, et que ses attributions passèrent toutes entre les mains de la Commission intermédiaire, dont le rôle était, comme on le voit, bien autrement considérable que celui de la Commission permanente du Conseil général, créée par la loi départementale du 10 août 1871. Sans doute cette dernière institution a été calquée sur la première, mais le législateur de 1871 n'a point osé aller aussi loin que celui de 1787 dans la voie de la décentralisation.

Même en supposant, comme on dut le faire d'abord, la réunion périodique de l'Assemblée provinciale, les fonctions dévolues à la Commission intermédiaire par leur variété, leur multiplicité et leur caractère permanent, prenaient presque tout le temps de ses membres et exigeaient impérieusement leur séjour constant dans la capitale de la province. Aussi, malgré la pénurie des finances, n'hésita-t-on pas à leur allouer une indemnité, ce que n'a pas cru devoir faire la loi de 1871. Le montant de cette indemnité fut fixé par chaque Assemblée provinciale et différait pour les trois provinces composant la généralité de Tours. Les membres de la Commission de Touraine reçoivent chacun 1,000 livres plus 1,000 livres allouées à M. le comte de la Motte-Baracé pour frais de déplacement, comme n'ayant pas son domicile à Tours. Les deux procureurs syndics de l'Assemblée, qui sont attachés à la Commission, reçoivent chacun 4,000 livres. Ces frais, déjà assez considérables, ne sont pas les seuls auxquels il faille pourvoir ; l'étendue de la correspondance et la multiplicité des écritures à faire chaque jour exigent des employés dont le nombre, d'abord fort restreint, ira croissant d'année en année, à mesure que s'étendront les besoins du service. A l'origine, il n'y eut qu'un secrétaire, aux appointements de 2,500 livres, y compris le traitement d'un commis, assisté de deux huissiers ou garçons de bureau.

Dans la séance du 31 octobre 1787, l'Assemblée provinciale avait décidé que la Commission intermédiaire ferait usage des registres suivants :

1° D'un registre pour y inscrire ses délibérations ;

2° D'un registre à deux colonnes pour consigner dans l'une la date et l'extrait des lettres, mémoires et pièces qui seront envoyés à ladite Commission, et dans l'autre la date et l'extrait des réponses.

3° D'un autre registre où seront copiées toutes les lettres ministérielles et autres relatives à son administration ;

4° D'un registre où seront transcrites les lettres écrites par M. le président, au nom de l'Assemblée, et celles de sa Commission et des procureurs syndics.

Ces registres sont encore aujourd'hui, à l'exception du troisième, conservés dans les archives d'Indre-et-Loire, ainsi qu'un grand nombre de lettres et de pièces de toute nature concernant la gestion de la Commission intermédiaire. Grâce à ces documents et surtout au registre des délibérations, tenu avec le plus grand soin, il est possible de suivre, pour ainsi dire, jour par jour les opérations de la Commission intermédiaire.

Elue, ainsi que nous l'avons dit, dans la séance du 12 octobre, c'est-à-dire pendant la session préliminaire de l'Assemblée provinciale, elle dut préparer les questions à soumettre aux délibérations de l'Assemblée complète, ouverte le 29 octobre. Il suffit de parcourir la longue énumération insérée dans le pro-

2

cès-verbal de la séance du 11 octobre, pour juger de
l'étendue ou mieux de l'immensité d'une pareille
tâche. Ces travaux durent nécessairement donner lieu
à plusieurs réunions qui n'ont point laissé de traces
officielles, car le registre des délibérations s'ouvre
par la séance du 3 décembre, qualifiée de première
séance; elle se tint à l'hôtel de M. Dufrementel, lieu
provisoirement adopté pour les réunions.

L'existence si courte de la Commission intermédiaire offre cependant deux phases bien distinctes :
dans la première, qui s'étend jusqu'au milieu de 1789,
elle lutte contre le mauvais vouloir de l'intendance,
pour se faire mettre en possession des attributions
qu'elle tient de l'édit de 1787 ; au terme de cette période, elle nous apparait dans le plein et entier exercice de tous ses pouvoirs; l'intendance a cédé enfin,
et si elle ne met pas un grand zèle à seconder les efforts de la Commission, du moins elle ne lui fait plus
d'opposition formelle. La seconde phase s'ouvre dès
le mois de septembre 1789, à l'époque où la crise alimentaire a acquis une intensité telle que les pouvoirs
anciens reconnaissent eux-mêmes leur impuissance
pour y parer. On voit dès lors l'influence et l'action
de l'Assemblée grandir et dépasser de beaucoup les
limites que lui avait assignées le législateur de 1787.
Cette dernière période est la plus agitée et la plus in-
téressante ; elle dut être aussi à tous égards la plus
pénible pour les membres, qui s'aperçoivent chaque
jour combien ils sont insuffisamment armés en vue
d'une telle lutte et combien les moyens dont ils dis-
posent sont inférieurs aux difficultés qu'il leur faudrait
surmonter.

Dès le début, la Commission fixe nettement le

point de départ de ses opérations. En réponse à une réclamation des habitants de Cinq-Mars, formant opposition à une ordonnance de l'intendant relative à la reconstruction du presbytère, elle déclare que cet acte d'administration étant antérieur à l'établissement de l'Assemblée provinciale, elle, ni sa Commission intermédiaire ne peuvent en connaître. Dès le début également, c'est-à-dire dans la séance du 22 février 1788, la Commission charge les procureurs syndics de demander à l'intendant un état des fonds appartenant à la province pour les ponts et chaussées, un autre des accessoires de la taille pour les dépenses à faire dans la même province, un dernier, des fonds libres de la capitation, avec distinction des frais de bureau de l'intendance et autres qui doivent continuer à dépendre de l'intendant (1).

Telles étaient les ressources financières mises à la disposition de la Commission intermédiaire, et l'on comprend qu'elle ait désiré tout d'abord en connaître le montant ; mais elle ne semble point avoir reçu une prompte satisfaction. Ce fut probablement la première difficulté avec l'intendance, qui sut faire traîner l'affaire jusqu'à la fin de l'année.

Une autre ne tarda pas à surgir avec les ponts et chaussées, tant chacun des anciens pouvoirs locaux montrait peu de bonne volonté pour faciliter à la nouvelle venue l'accomplissement de la mission que lui avait confiée le législateur. Le 14 mars 1788, sur une délibération de la municipalité de Verrue, demandant qu'il soit fait des réparations à son église, la Commission décide que le sieur Aubert, sous-ingé-

(1) Archives d'Indre-et-Loire, C. 736.

nieur, visitera ladite église, fera un état des réparations les plus urgentes, avec distinction du chœur et des chapelles d'avec la nef, qui seule est à la charge des habitants, et dressera en présence de la municipalité, dûment convoquée, un procès-verbal qui sera transmis à la Commission pour par elle être délibéré ce qu'il appartiendra.

Cette injonction d'avoir à visiter les lieux et dresser procès-verbal de leur état, faite par la Commission à un ingénieur, était parfaitement légale et conforme aux instructions émanées de l'autorité royale elle-même; mais le sieur Aubert refusa d'y obtempérer, et nous voyons, le 13 juin suivant, la Commission arrêter : « que les procureurs syndics sont » priés de faire expliquer M. de Montrocher, ingénieur » en chef, sur le refus apparent du sieur Aubert, de » dresser le devis des réparations de l'église de Ver- » rue, pour, sur ledit refus constaté, être pris par » la Commission tel parti qu'elle avisera. » (*Loc. cit.*, *ibid.*).

L'ingénieur en chef soutint son subordonné. Le 29 août, la Commission décidait d'écrire à M. le contrôleur général pour lui donner avis du refus des ingénieurs de vaquer aux opérations relatives aux constructions et réparations des églises et presbytères, et lui demander de nouvelles instructions à ce sujet. Mais ces instructions ne vinrent pas vite, car, le 12 juin de l'année suivante, la Commission réclamait le droit, qui lui fut vraisemblablement accordé, de nommer des experts de son choix pour visiter les églises et presbytères à réparer.

Non-seulement la Commission procédait à l'adjudication et à la réception des travaux sur les routes qu'on pourrait appeler provinciales, elle avait encore la nomination et la révocation des conducteurs de ces travaux. Elle étendait son action et sa surveillance sur les parties de routes comprises dans les limites de la province, même lorsque leur tracé se prolongeait au delà de ces limites. Ainsi, le 28 mars 1788, sur les réclamations de la municipalité d'Azay-sur-Cher, se plaignant de ce que les travaux de la route de Tours à Bourges n'en sont point où ils doivent être, elle décide que « les procureurs syndics se feront » rendre compte, par l'ingénieur en chef de la géné- » ralité, des objets sur lesquels portent les réclama- » tions de l'assemblée municipale d'Azay, pour en » faire leur rapport le plus tôt possible. » (*Loc. cit.*, *ibid.*).

Le 25 avril, sur la demande de plusieurs munici- palités, elle arrête que « les procureurs syndics aver- » tiront Messieurs les ingénieurs de ne procéder à la » réception et à l'entoisage des pierres à fournir par » les adjudicataires, ainsi qu'à la réception de tous » autres ouvrages dont ceux-ci sont tenus, sans y » appeler Messieurs des bureaux de district et les » syndics des municipalités qui auront intérêt aux- » dites réceptions. » (*Ibid.*).

C'était aller un peu loin peut-être; mais il se pra- tiquait en ces matières de graves abus qui entraî- naient le gaspillage des fonds du Roi et de la province et la stagnation des travaux.

Nous avons dit que la Commission intermédiaire avait ce qu'on a appelé depuis la tutelle des commu- nes; c'est donc à elle que sont adressées les récla- mations concernant l'organisation et le fonctionne- ment des municipalités; c'est elle qui tranche les conflits qui peuvent s'élever entre les assemblées et leurs syndics. Il arrivait assez fréquemment qu'à côté de ces magistrats, produits de la nouvelle organisation municipale, se maintenaient et se perpétuaient les anciens syndics paroissiaux. Un état de choses si anormal et si préjudiciable à la bonne gestion des intérêts des localités était non-seulement toléré, mais encouragé par l'intendant, qui continuait à entretenir des rapports avec ses anciens agents. Le 21 novembre 1788, la Commission répond au contrôleur général, qui l'avait interrogée à ce sujet, « que les » anciens syndics paroissiaux n'ayant pas encore été » nommément supprimés, M. l'intendant a conservé » jusqu'à présent l'usage de leur adresser ses or- » dres. » Des instructions formelles furent sans doute envoyées de Versailles à l'intendant, et nous le voyons, un peu plus tard, donner l'ordre à l'ancien syndic paroissial de Lignières de cesser ses fonctions et de rendre compte de sa gestion financière à la nouvelle municipalité.

Ce maintien prolongé des anciens syndics paroissiaux est une preuve de la mauvaise volonté avec laquelle les intendants se prêtèrent généralement à la transformation administrative opérée par l'établissement des Assemblées provinciales. Il ne pouvait guère en être différemment dès qu'on les laissait subsister avec des fonctions si amoindries de ce qu'elles étaient auparavant, dès qu'après leur avoir ôté le droit de tout faire, on leur imposait le devoir d'aider et de surveiller l'Assemblée qui les dépossédait de leurs pouvoirs. Eussent-ils été animés du patriotisme et du désintéressement nécessaires pour accepter franchement leur nouvelle situation, que leurs bureaux n'auraient cessé de lutter pied à pied pour maintenir les anciens errements et conserver la part d'influence qu'ils avaient eue jusque-là dans les affaires, et qui, pour être ni définie ni accompagnée de responsabilité, n'en était pas moins, comme il arrive toujours, très-réelle et très-effective.

L'intendance de Tours résista non moins que les autres, et la Commission intermédiaire comptait déjà une année d'existence qu'elle n'était pas encore en possession des attributions que le législateur lui avait conférées. Comme les textes étaient formels en faveur de ses justes prétentions, la lutte ne put être que sourde et détournée ; aussi a-t-elle laissé peu de traces officielles, bien que nous ayons eu déjà l'occasion d'en signaler quelques-unes. Mais, à la fin de l'année 1788, nous rencontrons des documents qui nous révèlent la véritable situation des choses. De ce nombre est une lettre écrite, le 31 octobre, par la Commission intermédiaire provinciale au directeur général des finances, et que nous croyons devoir reproduire en entier.

« Monsieur,

» Puisque les circonstances ne permettent pas la
» convocation, qui devait avoir lieu cette année, des
» Assemblées provinciales, et qu'à ce moyen les
» Commissions intermédiaires se trouvent privées des
» lumières et instructions qu'elles en auraient reçues
» pour l'administration des objets importants qui
» leur sont confiés, elles ne peuvent mieux faire
» que de recourir à vous, Monsieur, pour les obte-
» nir. La Commission intermédiaire de cette pro-
» vince a plus particulièrement besoin que tout au-

» tre que vous vouliez bien lui prescrire la conduite
» qu'elle doit tenir relativement aux fonctions qu'elle
» aura désormais à remplir. Le zèle dont elle est
» animée et que vous l'engagez, Monsieur, à mettre
» en activité, restera toujours infructueux jusqu'à ce
» qu'il plaise à Sa Majesté lui confier, ainsi qu'à cel-
» les des provinces d'Anjou et du Maine, placées
» également dans la généralité de Tours, l'adminis-
» tration de toutes les parties remises depuis long-
» temps entre les mains des autres Assemblées pro-
» vinciales du royaume. L'adjudication des travaux
» des routes entretenues par les fonds représentatifs
» de la corvée et la répartition de cette imposition,
» sont jusqu'ici les seuls objets dont il nous ait été
» permis de nous occuper. La distribution des fonds
» et ateliers de charité, l'adjudication des ouvrages
» d'art des ponts et chaussées, les décharges et mo-
» dérations de capitation, la confection des rôles des
» vingtièmes, enfin le département des impositions
» pour l'année prochaine 1789, objets remis et con-
» fiés à l'administration des autres provinces depuis
» l'établissement des Assemblées provinciales, sont
» encore restés en entier, dans cette généralité, en-
» tre les mains de l'ancienne administration. N'ayant
» d'ailleurs eu jusqu'ici aucun renseignement sur
» tous ces objets, nous craignons beaucoup de n'être
» pas en état de nous en occuper aussi utilement
» que nous le désirerions lorsqu'ils nous seront
» remis.

» Daignez donc, Monsieur, accorder à cette pro-
» vince, ainsi qu'à celles d'Anjou et du Maine, la
» même faveur dont jouissent toutes celles du
» royaume. Nous redoublerons d'efforts et de zèle

» pour répondre à la confiance dont nous sommes
» honorés, et la récompense la plus flatteuse de nos
» travaux sera de pouvoir obtenir l'approbation et le
» suffrage de l'administrateur juste et éclairé qui dai-
» gnera les diriger.

   » Nous sommes avec respect, les députés, etc.

   » Signé : L'abbé Dufrementel; Delaunay; l'abbé
» Delavau, procureur syndic ; Mignon, procureur
» syndic. » (*Loc. cit.*, 739.)

Cette lettre, dans laquelle nous croyons reconnaître le style de M. l'abbé Dufrementel, n'était pas la
première tentative faite auprès de l'autorité supérieure par la Commission, lasse sans doute de lutter
sur place, et qui ne pouvait plus compter sur le concours de l'Assemblée provinciale, dont la réunion
était remise indéfiniment. Quelques semaines auparavant, écrivant à M. le duc de Luynes, président de
l'Assemblée provinciale, alors à Versailles, elle le
priait d'appuyer ses réclamations sur le même sujet
auprès du Directeur général, et terminait ainsi :

   « Chef de l'administration de cette province, per-
» sonne ne peut mieux que vous, Monsieur le duc,
» faire sentir au ministre la nécessité et la justice de
» la faire jouir des mêmes avantages accordés aux
» autres provinces du royaume. Les fonctions que
» nous réclamons sont une suite nécessaire de l'éta-
» blissement des Assemblées provinciales; vous sen-
» tirez sûrement comme nous, Monsieur le duc,
» combien il est mortifiant qu'elles restent aussi
» longtemps et aussi entièrement dans les mains de
» l'ancienne administration. » (*Ibid.*, 742.)

   La réclamation du 31 octobre est signée non-seulement de M. Dufrementel, président de la Commission, mais encore de MM. Mignon et Delavau, procureurs syndics. Ces derniers, voyant que le ministre ne se pressait pas de répondre, saisirent, le 28 novembre, l'occasion d'une déclaration du Roi concernant la levée des impositions de 1789, pour revenir à la charge avec plus d'insistance et demander plus énergiquement, que la Commission dont ils faisaient partie fût mise enfin en possession des droits dont jouissaient les autres Assemblées du royaume.

Voici, d'après les syndics, quels étaient ces droits :

« Tout ce qui est ou peut être la suite du dépar-
» tement des impositions (déjà fait pour cette année
» par l'intendant); la confection et l'arrêté des rôles
» des vingtièmes; les demandes en décharge et mo-
» dération de capitation; la distribution des fonds et
» ateliers de charité; l'adjudication des travaux des
» routes; celle des ouvrages d'art des ponts et chaus-
» sées, et celle même des turcies et levées pour les
» provinces de Touraine et Anjou, dans l'étendue
» desquelles cette partie d'ouvrages publics est fort
» conséquente et s'exécute avec les fonds pris sur
» les impositions; la disposition des fonds libres et
» variables provenant de l'impôt de la capitation, au
» marc la livre et en proportion de ce que chacune des
» trois provinces en paye, sous la réserve de la somme
» qu'il plaira à M. le Directeur général fixer pour les
» frais des bureaux de M. l'intendant, auxquels les
» trois provinces doivent contribuer; enfin, la con-
» naissance et l'administration de tout ce qui est re-
» latif aux impositions foncières et personnelles, et
» dépenses généralement quelconques propres aux-
» dites provinces; tous ces différents objets doivent

» être dès ce moment confiés aux Commissions in-
» termédiaires provinciales de la généralité de Tours. »
(*Ibid.*, 739.)

On voit, par cette énumération, que l'intendance
de Tours se signala dans la voie de la résistance, et
fut une des dernières à obéir aux prescriptions du législateur de 1787. Mais cette résistance devait avoir
un terme ; vers le milieu de l'année 1789 elle semble
cesser complétement, et cela presque au moment de
la rentrée de Necker aux affaires. A l'occasion de cet
événement, la Commission crut devoir adresser au
ministre, alors au faîte de la popularité, une lettre
de félicitations ainsi conçue :

« Permettez-nous de vous exprimer toute la joie
» que nous inspire l'heureux événement qui vous a
» rendu au vœu de la nation. Ce bonheur, commun
» à tous les citoyens, doit être encore plus vivement
» senti par nous, puisque les fonctions qui nous sont
» confiées nous attachent d'une manière plus particu-
» lière à la gloire du Roi et au bien de la chose pu-
» blique. Daignez agréer, Monsieur, comme l'hom-
» mage le plus pur que nous puissions rendre à vos
» vertus, la vive satisfaction que nous éprouvons en
» vous voyant de nouveau chargé de ces grands in-
» térêts. » (*Ibid.*)

Ce langage est caractéristique de l'époque : Necker
recevait de toutes parts des adresses analogues, et il
faut convenir qu'il y avait de quoi gâter un homme
même moins vaniteux et moins rempli de l'idée de
son propre mérite.

Avant la rentrée de Necker, la Commission avait
bien obtenu d'être chargée de la distribution des
fonds de charité alloués à la province, mais il ne

s'agissait là que d'une modique somme de 9,100 livres. Malgré ses vives et légitimes instances, la Commission n'avait pu obtenir une plus grosse part dans
les 110,000 livres accordées à la généralité tout entière ; et elle ne jouissait point du droit de répartir
l'impôt, car nous lisons dans une lettre du mois
d'août au ministre : « Nous devons vous faire obser-
» ver que, n'ayant pas le département des imposi-
» tions, nous manquons, sur l'objet de votre ques-
» tion, des lumières que nous aurait procurées une
» relation plus directe et plus constante avec les con-
» tribuables. » (Ibid.).

Dès le mois d'octobre suivant, c'est-à-dire peu de
temps après le retour de Necker, nous voyons cette
même Commission, chargée de la répartition de l'impôt dans la province, adresser à ce sujet au contrôleur général, et même aux députés à l'Assemblée
nationale, de nombreuses questions et observations ;
une foule de documents nous la montrent dès lors
dans le plein exercice de ses fonctions. Parmi ces documents, nous en rencontrons un que nous croyons
devoir citer comme exemple de la façon dont les re-
ceveurs des tailles agissaient envers les malheureux
collecteurs. C'est une lettre adressée aux collecteurs
de la Chapelle-aux-Naux par le sieur Beaussant,
huissier porte-rôles, faisant pour le sieur Barré, rece-
veur des tailles à Tours.

« Je vous préviens, Messieurs, de ne pas manquer,
» sous peine de prison, dès le lendemain et jour
» suivant de la saint Barnabé, de faire saisir tous les
» prenant fruits qui sont dans votre paroisse, à moins
» d'en recevoir le montant en entier ; je vous pré-
» viens aussi, sous les mêmes peines, de m'appor-

» ter à la fin du mois, ou au plus tard au commen-
» cement de juillet, vostre rosle et la copie des
» saisies que vous aurez fait faire, afin de justifier
» par là de ce que vous aurez fait, ou non; et sera le
» présent avertissement publié à l'église, afin que
» personne n'en ignore. Fait au bureau de la re-
» cette des tailles, rue de la Scellerie, à Tours, ce
» premier juin mil sept cent quatre-vingt-neuf,
» signé Beaussant, faisant pour M. Barré. » (*Ibid.*,
755.)

La municipalité de la Chapelle-aux-Naux, en trans-
mettant copie de cette curieuse pièce, prie la Commission provinciale de procurer à ladite municipalité
raison de la conduite indécente, malhonnête et im-
périeuse de l'agent du bureau de la recette des tailles, et de faire à ce même bureau défense de ne plus
dorénavant adresser ses demandes et réquisitions aux
collecteurs et porte-rôles des municipalités, mais
bien à ces Assemblées elles-mêmes.

La correspondance avec le ministre devient de
jour en jour plus fréquente, surtout vers la fin de
1789, lorsqu'il s'agit d'établir les rôles de 1790 et
ceux de supplément des privilégiés, pour les six derniers mois de 1789. La taxe des ci-devant privilégiés,
désormais soumis à la loi commune, donne lieu à
une foule de questions délicates, à la solution desquelles la Commission s'efforce toujours d'apporter
un esprit de droiture et d'équité qui l'honore singu-
lièrement. Le département des impositions pour 1790
était terminé, dans les six élections de la province,
à la fin de novembre 1789, et l'on voit que, pour le
faire, des députés de la Commission s'étaient trans-
portés dans chaque chef-lieu, où ils avaient été aidés

dans leurs opérations par les membres du bureau de district et les officiers de l'élection.

Mais il ne suffisait pas de répartir l'impôt entre les élections et même entre les municipalités, il fallait encore, il fallait surtout, avant d'en arriver à la perception, établir les rôles individuels. Or, cette opération, toujours remplie de difficultés, en offrait bien davantage à une époque de rénovation générale, où tout était à créer, les principes et l'application, et où l'ignorance était encore si grande dans les campagnes que l'on voit des paroisses dont le syndic et le greffier sont les seuls habitants sachant lire et écrire. Il faut donc tout diriger et contrôler avec l'aide des commissions de districts. Il en résulte une immense correspondance. Les nombreuses charges qui pesaient encore sur la propriété, telles que les rentes, donnaient lieu à des difficultés multipliées. Les municipalités et les particuliers accablent la Commission d'observations et de réclamations, et celle-ci est parfois obligée de recourir aux lumières, non-seulement du ministre, mais encore du Comité des finances de l'Assemblée nationale, qui envoient des solutions et des éclaircissements. Mais le décret de l'Assemblée, du 17 décembre 1789, — portant que dans les provinces de taille personnelle ou mixte, et la Touraine était dans ce cas, tous les taillables devront être imposés, comme les ci-devant privilégiés, au rôle du lieu de la situation de leurs biens et non à celui de leur domicile, — vint mettre le comble aux difficultés de la répartition. Comment, en effet, dans un court délai, pourvoir à la réfection des rôles qu'on avait déjà eu tant de peine à établir? Plusieurs communautés, usant d'une faculté insérée dans le décret, maintin-

rent les rôles déjà dressés. Quant aux autres, qui opé-
rèrent très-inégalement et très-lentement, leurs
efforts n'aboutirent qu'à une déception pour les populations ; car celles-ci s'étaient imaginé que les
ci-devant privilégiés étant appelés à prendre leur
part des charges publiques, les non privilégiés se
trouveraient dégrevés d'autant. En présence d'un résultat contraire à leurs espérances, l'irritation des
esprits acquit une nouvelle intensité que venait encore augmenter la cherté des subsistances et la misère générale, fruit ordinaire de la stagnation du
commerce et de l'industrie qui ne manque jamais de
se produire aux époques de trouble et d'agitation.

La Commission, cependant, met tout en œuvre
pour hâter la confection des rôles de 1790, mais les
prescriptions et même les ordres ministériels font
peu d'impression sur les syndics et les corps municipaux qui, en janvier, paraissent vouloir laisser ce
travail à ceux qui doivent les remplacer bientôt ; ils
se plaignent tous de n'être pas suffisamment dédom-
magés de leurs peines, et, ce qui n'aide guère à exciter leur zèle, ils sentent parfaitement que les moyens
coercitifs font défaut à ceux qui les pressent si vivement. La Commission, qui comprend bien la situation, écrit le 16 janvier 1790 au contrôleur général :
« Au surplus, Monsieur, nous pouvons vous assurer
» que nous n'épargnerons rien de ce qui dépendra
» de nous pour répondre à vos désirs ; mais nous de-
» vons vous observer encore, à ce sujet, que pour
» que notre zèle produisit plus d'effet, il serait à dé-
» sirer qu'il y eût une loi qui fixât le temps que les
» municipalités pourraient employer pour faire leurs
» rôles, et qui statuât sur la manière dont il serait

» procédé contre celles qui seraient en retard. »
(*Ibid.*, 99.)

Mais ce n'était pas seulement la confection des
rôles de 1790 qui éprouvait de fâcheux délais : le
recouvrement des impôts de 1789 ne marchait pas
mieux, et présentait, au mois de décembre, un arriéré
notablement plus considérable qu'à la fin de 1788.

Dans une lettre du 4 mars 1790, la Commission
donne quatre raisons de cette différence.

1° Le département des impôts de 1789 a eu lieu
plus tard que les années précédentes ;

2° La rigueur de l'hiver de 1789 a ruiné la plupart
des récoltes ;

3° La cherté des denrées de première nécessité a
épuisé les facultés des contribuables ;

4° « L'idée qui s'était répandue parmi les habitants
» des campagnes, à la suite de la révolution du mois
» de juillet (prise de la Bastille), qu'ils ne devaient
» plus payer les anciens impôts, et l'état d'inaction
» où l'esprit de résistance produit par cette fausse
» idée a retenu pendant trois mois les collecteurs de
» plusieurs paroisses. » (C. 759.)

Aux causes de retard, dans la rentrée des contri-
butions énumérées par la Commission, on doit ajouter
le renouvellement des municipalités, qui eut lieu au
commencement de 1790, juste au milieu de l'établissement des rôles dont plusieurs étaient recommencés
pour la troisième fois. Il faut convenir, du reste, que
cette opération, telle qu'elle était prescrite par le décret du 17 décembre 1789, offrait de grandes difficultés. Dans un but fort louable, l'Assemblée nationale
avait voulu substituer la taille réelle à la taille personnelle, beaucoup plus défectueuse et seule appli-

quée dans notre généralité ; mais une telle subs-
titution supposait nécessairement un cadastre qui
n'existait pas dans nos provinces. Aussi est-ce en
vain que le contrôleur général, après avoir écrit aux
membres de la Commission qu'ils ne peuvent apporter trop d'activité à tout ce qui intéresse le recouvrement, et que ce doit être là, dans ce moment, l'objet
capital de leurs soins, se fait envoyer périodique-
ment un état des rôles terminés ; en vain, que la
Commission adresse, dès les premiers jours de mars,
une circulaire très-pressante aux municipalités nouvellement installées ; au mois de juin les rôles ne
sont pas encore achevés, et ils auraient dû être en
recouvrement depuis le mois de janvier ! On peut
juger des obstacles de toute nature que rencontrait
l'exécution de cette mesure par ce qui s'était passé à
Luynes après le renouvellement de la municipalité.
Le maire de cette petite ville écrit, le 20 avril, que
les anciens officiers municipaux, au lieu de satisfaire
aux ordres qu'ils ont reçus de la Commission, de remettre à la nouvelle municipalité le rôle des impôts,
le tableau des citoyens actifs et autres renseignements
qui leur ont été demandés, ont fait brûler le rôle, ce
qui retardera le travail de six mois. Et les faits
de ce genre ne sont pas très-rares !

L'action de la Commission paraît cependant
aussi étendue que le comportent les édits, et si
elle n'est pas toujours efficace, il faut surtout attri-
buer ce fait, non pas au défaut de zèle de ses membres, mais bien, ainsi qu'ils le font eux-mêmes observer dans une lettre du 20 avril 1790, « au peu
» d'autorité d'une administration dont les pouvoirs,
» infiniment bornés, sont au moment de finir. » Il

s'agissait de la contribution patriotique, nouvel impôt qui était venu se joindre à tous les autres dont la rentrée était déjà fort difficile. Evalué au quart du revenu, et d'abord facultatif, il ne tarde pas à devenir obligatoire, et, par des causes qu'il nous est difficile de discerner, il est mieux acquitté dans les campagnes que dans les villes. Cette action n'a fait que croître également en ce qui concerne les travaux publics et la tutelle des communes, deux parties, du reste, où elle avait beaucoup moins à faire pour atteindre les limites fixées par la loi. La Commission est même chargée de trancher les contestations relatives à la délimitation des communes, et cela en dernier ressort, car la solution des difficultés de cette nature était d'abord remise à une municipalité tierce. Ainsi nous voyons, au mois d'avril 1790, les communes de Savonnières et de Berthenay récuser, comme complétement illettrée, la municipalité de Ballan, qui avait été désignée par la Commission, et celle-ci déléguer un de ses procureurs syndics pour, sur son rapport, statuer définitivement (C. 737).

Les procureurs syndics apparaissent, en effet, souvent comme chargés de la partie exécutive des attributions de la Commission intermédiaire, mais rien n'est bien réglé à cet égard; l'idée de la séparation du pouvoir exécutif et du pouvoir délibératif, d'une assemblée arrêtant une mesure et d'un fonctionnaire chargé seul de l'exécution; cette idée, qui nous paraît si simple, était étrangère même aux esprits les plus éminents de l'ancien régime. On peut dire, avec de Tocqueville, que c'est là la seule grande découverte, en matière d'administration publique, qui appartienne à notre siècle; mais elle est capitale. Attachés d'abord à l'Assemblée provinciale et choisis par elle, les procureurs syndics doivent, d'après les instructions, concourir à l'accomplissement des décisions prises par l'Assemblée et dont l'exécution est confiée à la Commission intermédiaire. Ils ont voix délibérative dans cette dernière, mais ils n'ont à eux deux qu'une seule voix, qui est prépondérante en cas de partage; si leurs opinions diffèrent, leurs voix se détruisent et ne sont point comptées, et c'est la voix du président qui devient prépondérante. Ils écrivent toujours en nom collectif, même lorsqu'un seul d'entre eux serait appelé à signer. Enfin, ils ne peuvent intervenir dans aucune affaire sans une délibération de la Commission, avec laquelle ils doivent toujours agir de concert.

Cette institution, un peu singulière, qui venait comme doubler la Commission intermédiaire, et avait, ainsi qu'elle, le notable défaut d'être, quoiqu'à un moindre degré, un pouvoir collectif, était sans doute destinée à grandir. Si les Assemblées provinciales avaient duré, il est probable que c'est à elle que serait échue la plus large part dans l'héritage des intendants, appelés à disparaître un jour. Les fonctions de ces derniers semblent dès lors bornées à l'inspection de l'administration de la justice, à la levée des milices et à tout ce qui touche aux mouvements et aux fournitures des troupes, aux soins des hôpitaux et des établissements royaux d'agriculture et d'industrie, à la surveillance des travaux exécutés par les ponts et chaussées pour le compte du Roi, et enfin à la police, pour l'exercice de laquelle la maréchaussée demeure toujours sous leurs ordres. Cependant la Commission est appelée à donner son avis

au ministre sur les mesures jugées nécessaires par
le prévôt général pour maintenir, pendant l'hiver, où
l'on va entrer et que tout annonce devoir être des
plus difficiles, la sûreté des routes et le bon ordre
dans les marchés.

II

Jusqu'à présent nous n'avons assisté qu'au fonc-
tionnement normal de la Commission intermédiaire :
nous l'avons seulement vue se mouvoir dans les justes
limites tracées par le législateur de 1787. Cependant,
dès 1789, avaient surgi de redoutables complications
que celui-ci n'avait pas prévues ; au contact et sous
la pression des événements, la Commission avait été
appelée à jouer un rôle qui ne lui était pas destiné
et pour lequel elle n'était pas suffisamment armée ;
c'est ce rôle que nous allons étudier.

On n'ignore point quelle surexcitation jetèrent
dans les esprits, déjà si animés, les rigueurs du terrible
hiver de 1789 et les effroyables misères qui en furent
la conséquence; mais on ne sait peut-être pas assez à
quel point cette surexcitation se manifesta, non-seulement dans les grands centres de population, mais
encore dans les moindres localités. Qu'on veuille bien
relire ce chapitre admirable, quoique seulement
ébauché, du livre destiné à faire suite à l'*Ancien
Régime*, et dans lequel Tocqueville montre le paysan
français appelé à prendre part à la rédaction des
cahiers de doléances, quittant, après l'affreux hiver
de 1789, « son foyer à peine allumé, laissant une
» demeure froide et nue, une famille affamée et
» transie, pour aller chercher avec ses pareils ce qu'il

» avait à redire à sa condition. » L'on comprendra alors quel effet dut produire sur ces masses, profondément ignorantes autant que misérables, l'horrible spectre de la famine. Ce ne sont de toutes parts que troubles sur les marchés, arrestations sur les routes de charrettes chargées de grains, pillages des greniers particuliers et même envahissement à main armée par les populations voisines, des paroisses où la récolte avait été moins mauvaise. Et ce trouble effroyable éclate dans les diverses provinces du royaume à un moment où toutes les têtes sont montées et en proie à un véritable délire de théories philosophiques et politiques, où toutes les passions et toutes les haines sont surexcitées au dernier degré, où les idées de résignation religieuse font presque complétement défaut, où le pouvoir central et les pouvoirs locaux, ayant eux-mêmes perdu toute confiance dans les principes et les méthodes qui jusque-là ont fait leur force, essaient de se rajeunir par une transformation générale ! Qu'on s'étonne, après cela, de la rapidité et de la violence avec laquelle éclata la Révolution française !

Dans notre province, la cherté commence à atteindre des proportions inquiétantes dès le mois de décembre 1788. A cette époque, M. Genty, premier commis de l'intendance et subdélégué général, place sous les yeux de M. d'Aine la correspondance des subdélégués, relative à la cherté des grains. On y voit qu'il existe encore dans le pays des réserves considérables, mais que de tous les côtés on se jette sur la généralité pour en tirer des subsistances. M. d'Aine écrit en marge, d'un ton dégagé : « En examinant ces lettres, » je ne vois de la peur et une cherté un peu alar-

» mante qu'à Tours et à Angers. » Cependant il termine en disant : « Réflexion faite, comme en pareille
» matière il n'y a ni un moment à perdre ni une
» précaution à omettre, je hasarde à M. Necker la
» proposition ci-jointe de suspendre le droit de
» minage » (C. 98).

La crise alimentaire sévissant dans toute l'étendue
du royaume, le parlement de Paris, toutes chambres
assemblées et les Pairs y séant, rendait le 18 de ce
même mois de décembre, un arrêt concernant l'approvisionnement et la police des marchés, suivi, le
11 janvier 1789, d'un autre arrêt du Conseil du Roi,
accordant des primes pour encourager l'importation
en France des blés et farines venant des différents
ports de l'Europe. Ces mesures des grands corps de
l'Etat, destinées à conjurer et à amoindrir le danger
qu'on redoute, ont aussi l'inconvénient de le rendre
plus sensible et d'exciter les terreurs des uns et les
spéculations des autres. Au mois de février, cependant, les alarmes semblent se calmer un peu, mais
elles recommencent en mars, suivant ainsi les oscil-
lations de l'hiver si rigoureux et si terrible qui fut
comme l'avant-coureur de la Révolution française.
C'était le moment où les électeurs allaient affluer à
Tours, pour procéder à la nomination des députés
aux Etats généraux, fixée au 16 mars. M. d'Aine se
préoccupe de l'alimentation de la ville pour cette époque, et avec grande raison, car tous les rapports nous
montrent que l'approvisionnement de presque chaque
marché du mercredi et du samedi est subordonné à
l'arrivée de bateaux remontant de Saumur et de la
basse Loire. Ces préoccupations, du reste, n'empêchent
pas M. d'Aine de faire bonne contenance en face du

ministère, et le 14 mars il écrit à M. de Villedeuil, à Versailles : « Les avis que vous a donnés M. de » Bezenval, d'une fermentation à Tours, au sujet des » grains, telle qu'elle lui paraît annoncer la révolte, » sont fondés sur des rapports très-exagérés, faits par » des personnes qui ne voient pas de près l'admi- » nistration » (C. 98). Puis il attribue l'absence de grains sur le marché à la chute du pont de Tours, dont quatre arches avaient été emportées, le 25 jan- vier, par une débâcle de glaces, et il pense qu'il suf- fira d'engager quelques négociants à faire venir des blés de Saumur, pour déterminer les propriétaires à vider leurs greniers, qui sont, dit-il, abondamment pourvus.

Peu de jours après, cependant, le 2 avril, M. d'Aine, qui semble avoir vu s'évanouir bien rapidement ses dernières illusions, s'adresse aux officiers du bailliage de Tours, et leur demande de rendre une ordonnance pour dissiper les attroupements et assurer le libre commerce des marchés. Sa lettre débute par cette sombre et énergique peinture de la situation.

« La fermentation occasionnée dans cette ville » (de Tours) par la cherté des grains, devenue géné- » rale dans le royaume, les attroupements journaliers » qui se forment à la vue des convois de grains qui » passent sur la Loire, les excès auxquels se porte la » population effrénée dans les marchés où ceux qui » apportent les grains ne sont plus les maîtres de les » vendre aux prix courants, les voies de fait dont le » sieur Girard, seul commerçant de grains qu'il y ait » ici, est journellement menacé, les juges eux-mêmes » insultés par cette populace que l'impunité enhar- » dit, sont des circonstances bien dignes d'exciter

» en ce moment l'attention de votre ministère, pour
» arrêter des désordres publics que chaque jour voit
» accroître » (C. 98).

Il y a loin de ce tableau à ce qu'écrivait M. d'Aine
quelques semaines auparavant. C'est que, dans ce
court intervalle, les symptômes du mal, d'abord à
peine entrevus par l'intendant trop peu clairvoyant,
ont éclaté tout à coup. En vain la ville de Tours se
fait autoriser à emprunter 180,000 livres destinées à
des achats de grains, en vain le prévôt général de la
maréchaussée, M. d'Escrimes, homme énergique et
résolu, ainsi que le témoigne toute sa correspondance,
se voyant à bout d'efforts, va jusqu'à proposer des
mesures attentatoires à la liberté du commerce, dont
le ministre recommande le respect dans presque
toutes ses dépêches, la situation s'assombrit de plus
en plus. La misère est au comble, et dans une lettre
de M. de Montaran, du 23 avril, nous voyons les
habitants de Montrichard, ne pouvant pas même se
procurer de l'avoine pour en faire du pain, obligés de
se nourrir avec du son bouilli et des racines, ce qui
occasionne la mort de plusieurs d'entre eux (C. 99).
Enfin, le désordre prend de telles proportions que les
magistrats chargés de veiller au maintien de la liberté
commerciale ne craignent pas de se mettre, pour
ainsi dire, à la tête des violateurs de la loi, les uns
en arrêtant les grains destinés aux villes voisines, les
autres en défendant de les vendre ailleurs que sur les
marchés de leur juridiction. A Tours même, sous
les yeux pour ainsi dire de l'intendant, le lieutenant
de police fait décharger et vendre, à prix réduit, deux
bateaux de grains remontant la Loire, en destination
d'Orléans (C. 98).

Un passage d'une lettre de M. d'Aine à M. Necker, du 15 avril 1789, fait connaître, même avant ces derniers et déplorables événements, quel compte il croyait pouvoir faire sur le concours des magistratures locales; après avoir exposé que l'inquiétude des peuples de la généralité sur la disette dont ils se croient menacés est portée à son comble, surtout dans la province de Touraine, qui, sous un extérieur brillant, en est la partie la plus pauvre et la moins industrieuse; après avoir montré les villes de Sainte-Maure et d'Amboise en état de révolte, la première surtout, où une multitude acharnée a résisté à la force armée et déclare qu'elle mettra plutôt le feu à la ville que de laisser sortir ses grains, l'intendant continue ainsi :

« Quelques exemples seraient nécessaires et en
» imposeraient à ceux qui excitent ces révoltes; l'ap-
» parence seule de la sévérité en a arrêté en dernier
» lieu une assez grave à la Ferté-Bernard. Mais la
» variété des principes des juges de tous ces petits
» lieux, leur mollesse, leur habitude de céder à la
» crainte et aux considérations particulières, leur
» ignorance même, assez souvent, toutes ces circon-
» stances rendent leurs démarches incertaines et
» contradictoires les unes aux autres, par là peu
» importantes. Il serait très-nécessaire, Monsieur, que
» vous fissiez donner par arrêt du Conseil, comme il
» s'est pratiqué souvent en pareil cas, une attribution
» générale au prévôt, pour instruire et procéder pré-
» vôtalement au jugement de tous ceux qui exciteront
» des émeutes dans les marchés ou hors des mar-
» chés, relativement aux grains. Rien ne serait plus
» propre à arrêter ces mouvements, et c'est de la plus

» grande importance dans ce moment où l'on vient
» plus que jamais d'exalter toutes les têtes et où l'on
» a vu des personnages, des noms les plus comblés
» de faveurs et de dignités, se faire dans les pro-
» vinces les missionnaires du système d'insubordi-
» nation la plus absolue, système qu'il est si aisé de
» propager parmi des gens affamés et qui ont peu à
» perdre » (C. 99).

Les vœux de l'intendant furent réalisés en ce qui
concernait les attributions à donner aux officiers de
maréchaussée; le 16 mai, le prévôt général ou ses
lieutenants sont autorisés à arrêter et à juger prévô-
talement et sans appel les émeutiers, et quelques-uns
de ces derniers sont condamnés à cinq et à dix ans de
galères. Mais ce retour aux anciens errements ne
devait point calmer une crise sans cesse aggravée par
de nouvelles souffrances. La récolte approche, cependant, et les apparences sont d'abord assez belles;
mais des pluies continuelles surviennent et menacent
d'en compromettre le succès en même temps qu'elles
nuisent beaucoup au transport des grains. Le 21 juillet
M. Jahan, subdélégué, raconte à l'intendant deux
émeutes arrivées à Richelieu, l'une à l'occasion de
blés vendus à des blatiers de Touraine dont le peuple
empêche l'enlèvement, l'autre à propos de faux sel
confisqué par les gens des gabelles et pillé par la
populace. « Il semble, » dit-il, « que le goût des émeutes
» populaires veuille s'étendre en tout sens. Il est
» bien à craindre que le funeste exemple donné par
» la capitale ne devienne bientôt le signal de mal-
» heurs généraux, tant je vois les têtes en fermen-
» tation » (C. 99).

Lors du pillage du sel, les émeutiers s'écrient :

« Nous sommes le Tiers État, par conséquent les plus forts : chassons ces gabeloux. » C'est la première fois que j'entends proférer un cri de couleur politique dans une émeute. On était alors au lendemain de la prise de la Bastille ; huit jours après, le même M. Jahan annonce la formation d'un comité de seize membres et d'une garde bourgeoise pour maintenir l'ordre sur le marché, et surtout, pour préserver la ville contre une troupe de brigands, que personne n'a vue, à ce qu'il semble, mais qu'on assure infester les petites villes du Poitou dans le voisinage (C. 99.). Voilà, pris sur le fait, l'un des procédés qui furent employés, vers cette époque, pour armer partout les populations. On leur assurait qu'à quelques lieues de là se trouvaient des troupes de brigands contre lesquels elles allaient avoir à se défendre.

La municipalité de Chinon écrit le 21 juillet qu'elle est dans un très-grand embarras et craint les suites de la crise qui se présente : plus de blé dans la ville ; les menaces commencent à succéder aux cris ; d'autre part, la jeunesse a pris une cocarde et force à la prendre ceux qui refusent de le faire. La lettre se termine par une demande de troupes pour assurer le bon ordre. L'intendant répond : « Les choses étant » ici dans le même état que chez vous, il m'est » impossible de vous procurer un secours permanent, » ni même de dégarnir les lieux où la présence des » troupes est infiniment nécessaire » (Ibid.).

Le 29 juillet, le subdélégué de cette même ville de Chinon écrit à son supérieur à Tours : « Tous les » citoyens ont pris les armes, ont formé des compa- » gnies, des corps de garde ; ils envoient des déta- » chements dans les campagnes pour enlever le blé

» et le faire voiturer à Chinon, pour y être vendu
» trente sous le boisseau à la commune. On a chanté
» un *Te Deum*, fait un feu de joie, etc. Je reste à ma
» campagne, à une demi-lieue de la ville ; j'examine
» tout et ne dis rien. On ne connaît plus d'autorité,
» de subordination. Chacun veut être le maître. Je
» crois qu'il est de la prudente politique de ne point
» contrarier le peuple, de laisser dormir les lois pen-
» dant quelque temps ; le calme reviendra peut-
» être » (C. 99.). Assurément voilà un fonctionnaire
qui ne se compromettra pas ; mais comptez donc sur de
pareilles gens, et ils étaient nombreux, pour faire tête
à l'orage qui déjà éclate de toutes parts !

L'intendance, du reste, n'est guère plus disposée à
résister : dans sa réponse, elle feint de ne voir en
tout ceci que de simples mesures de précaution pour
assurer l'ordre et la tranquillité, et se borne à dire
« que dans la circonstance, il y aurait de l'inconvé-
» nient à porter ces précautions au delà de celles qui
» peuvent calmer le peuple, en avisant aux moyens
» capables de lui procurer ses subsistances » (*Ibid*).

Evidemment, on n'avait pas voulu comprendre, et
il serait difficile de rencontrer un aveu plus complet,
quoique indirect, de l'impuissance de l'administration
supérieure.

La cour de Versailles ne tarda pas, sans doute, à
avoir pleine conscience de cet état de choses, car, en
septembre et octobre, nous trouvons deux lettres, la
première de M. de Montaran, la seconde de M. Necker
lui-même, et contenant l'une et l'autre l'invitation à
M. d'Aine de se concerter, pour remédier au mal, avec
la Commission intermédiaire. Nous sommes ainsi
ramené à l'objet spécial de cette étude historique, et

l'on nous pardonnera peut-être les développements
que nous avons cru devoir accorder à cette question
des subsistances, si importante, si capitale, et cependant si généralement négligée dans les origines de
notre Révolution.

L'invitation de M. de Montaran et de M. Necker
dut sembler peu flatteuse à M. d'Aine qui, dans une
lettre à ce même M. de Montaran, datée du 8 avril
1789, où il montre la gêne de la circulation ajoutée à
la misère et portant partout le désespoir, s'exprime
ainsi sur le compte des Assemblées de sa généralité :

« Le temps affreux ne permet ni les travaux de
» campagne ni les travaux publics ; j'ai préparé l'ac-
» tivité de ceux qui me concernent, pour le premier
» moment qui permettra de s'y livrer ; mais il fau-
» drait, en ce genre, des ressources étendues, et je n'en
» ai point. Nos Assemblées, que leurs formes particu-
» lières ont rendues inconsistantes et presque sans
» fonctions, ont eu, dès leur origine, le détail des
» chemins ; la conversion de la corvée en argent pro-
» duit 850,000 livres par an ; c'est là un bel atelier
» de charité, et entre mes mains, en 1787, il avait
» produit une quantité d'ouvrages supérieure à ce que
» la corvée en nature en donnait en quatre ans, et
» les Assemblées n'ont jusqu'à présent été dans le
» cas de faire payer que trente quatre mille livres ;
» vous jugez par là de ce que devient entre leurs
» mains cette immense ressource et son objet. Cette
» année, elles ont obtenu la disposition des ateliers
» de charité sans que j'aie été consulté ; il a fallu les
» subdiviser entre les trois provinces, en proportion
» du principal de leur taille, il en est résulté que la
» Touraine, qui manque absolument aujourd'hui, n'a

» presque rien ; et, d'ailleurs, cette ressource entre
» les mains d'hommes inexercés et étrangers à tous
» les autres détails de l'administration, ne sera, par
» sa distribution, d'aucune utilité à l'objet présent »
(C. 99).

M. d'Aine donne ici en passant la vraie cause qui a
empêché les Assemblées provinciales et leurs Commissions de produire le bien qu'on pouvait en espérer. Leurs membres étaient trop étrangers aux détails
de l'administration ; et lui, l'intendant, qui les possé-
dait à fond, tous ces détails, et qui aurait dû faire
concourir au bien public cette connaissance supérieure acquise par une longue expérience, ne l'em-
ployait trop souvent qu'à gêner les mouvements de
ceux qu'il regardait comme destinés à le remplacer
un jour.

L'intendant n'est plus en effet ce personnage omni-
potent qui tient tout dans ses mains et agit non-
seulement sans contrôle, mais encore sans conseil,
comme dit Tocqueville. A côté de lui vient de naître
un nouveau pouvoir, favorisé par le mouvement général de l'opinion publique, plus en rapport avec les
populations et vers lequel se tournent instinctivement
tous les regards : l'Assemblée provinciale représentée
par sa Commission intermédiaire. Au milieu de la
crise des subsistances qui va sans cesse s'aggravant,
cette Commission se trouve acquérir malgré elle une
influence à laquelle malheureusement rien ne l'avait
préparée.

C'est à elle qu'au mois d'août s'adresse la commune de Neuvy-le-Roi, pour demander que les
diverses municipalités se concertent pour maintenir
l'ordre au milieu des troubles suscités par la cherté

des blés; c'est à elle qu'à la même époque les habitants de Luzay se plaignent de l'invasion à main armée de leur commune par ceux de l'Ile-Bouchard, pour y rechercher des blés. La Commission paraît n'entrer qu'avec une grande hésitation dans la voie qui lui est ouverte : à la première demande elle se contente de donner son adhésion, sans rien de plus, et aux habitants de Luzay elle fait la singulière réponse « que ces actes de violence ayant été un mal-
» heur général, le parti le plus prudent paraissait
» être de les dissimuler et de n'en pas poursuivre la
» réparation, qui serait aussi difficile que dange-
» reuse » (C. 736). Il semble qu'on doive reconnaître ici la plume de l'abbé Dufrementel, président de la Commission, esprit étendu et varié, mais que son caractère rendait peu propre à tenir tête à de semblables orages. Il était mieux dans son rôle, lorsqu'au mois d'octobre suivant il adressait à toutes les villes et municipalités de la province une circulaire pour hâter la rentrée des impôts, au paiement desquels les populations, en proie à la misère, se montraient fort rebelles. On doit voir là encore une preuve de l'extension sensible de l'action de la nouvelle Assemblée, car un pareil acte était bien du ressort de l'intendant de justice, police et finances de la généralité. Il semble d'ailleurs que vers cette époque, c'est-à-dire à la fin de 1789, M. d'Aine, en butte, comme tous ses collègues, à l'animadversion des populations, ait jugé prudent de quitter Tours, et de se retirer à Paris, laissant la charge et les périls de l'administration à son subdélégué général M. Genty, homme intelligent et laborieux et depuis longtemps chargé de diriger les bureaux de l'intendance, mais auquel manquaient

le prestige et l'autorité nécessaires au milieu des graves circonstances où l'on se trouvait.

Cependant la Commission intermédiaire, qui, à la fin d'octobre, avait transféré le lieu de ses séances de l'hôtel de ville au nouveau palais de justice non encore occupé, était chaque jour forcée d'étendre le cercle de ses attributions. Mais, pouvoir délibérant, et surtout pouvoir collectif, elle se sent impuissante pour soutenir une pareille lutte ; il lui arrive souvent de répondre aux réclamations qu'on lui adresse, qu'elle est incompétente et qu'elle espère que l'Assemblée nationale réglera la matière. Elle sait que les décisions qu'elle pourrait prendre manqueraient complètement de sanction ; elle n'a ni commandement ni juridiction. Au sujet des réclamations de la paroisse de la Riche, contre un arrêté du Comité de Tours défendant de vendre des denrées ailleurs qu'au marché, et persistant dans sa défense, elle se borne à prescrire aux procureurs syndics d'informer le Comité « que s'il n'était pas fait droit aux réclama- » tions de la Commission, celle-ci, qui est chargée de » veiller au bien général de la province, ne pourrait » se dispenser d'en informer le gouvernement » (C. 736).

Dans le mois de janvier 1790, ce même Comité de Tours, effrayé des proportions que prennent les inquiétudes et l'agitation populaires, s'adresse, à son tour, à la Commission dont tout à l'heure il méconnaissait les injonctions, pour la prier d'ordonner aux municipalités de la province de faire faire par les habitants la déclaration des blés qu'ils peuvent avoir dans leurs greniers. Mais celle-ci, toujours prudente et désireuse de ne point se commettre, décide

« qu'attendu la prochaine réunion des Assemblées
» administratives, il n'y a lieu à délibérer, et s'en
» réfère aux lois existantes » (C. 736).

Car c'est là encore une des principales causes de la
faiblesse de la Commission : non-seulement elle re-
connait qu'elle n'a pas été créée pour le rôle que les
événements l'appelleraient à jouer, mais encore elle
sait que ce rôle, quoi qu'elle fasse, touche à sa fin, ce
qui est bien de nature à lui enlever tout courage et
toute décision véritable. Il lui arrive cependant parfois, sous la pression des événements, de prescrire
des mesures énergiques. Vers la fin du mois de janvier 1790, les habitants de Châteaurenault ayant arrêté
de force et déchargé une charrette de blé appartenant
au sieur Poussain, meunier à Authon, la Commission
décide qu'il sera écrit à la municipalité de Châteaurenault, « pour, sur la vérification des faits, faire
» restituer à Poussain ledit blé et même requérir
» main-forte en cas de nécessité, pour assurer dans
» cette circonstance et toute autre semblable, la libre
» circulation des grains et farines » (*Ibid.*).

Des fait analogues s'étant passés à Charentilly, elle
va jusqu'à charger le syndic de prendre les mesures
nécessaires, au risque de répondre personnellement
des suites de cette affaire. A l'occasion de menaces
et de voies de fait exercées par les habitants contre
les curés d'Artannes et de Louans, les syndics sont
chargés d'écrire aux municipalités de veiller à la
sûreté des curés, comme de tous les citoyens, et, en
cas de besoin, de requérir main-forte des municipalités
voisines, de la maréchaussée et des troupes réglées.
Mais, trop souvent, les corps municipaux, soit faiblesse, soit complicité, refusaient d'intervenir, comme

4

nous le voyons au mois de mars, à Saint-Cyr-du-Gault.

Les embarras suscités par la rareté des subsistances et la cherté des grains ne sont pas, du reste, les seuls auxquels la Commission soit appelée à faire face. La contrebande du sel avait pris des proportions énormes dans toute la partie méridionale de la Touraine voisine du Poitou, lequel faisait partie des provinces dites rédimées, où le sel ne valait que six à huit livres le quintal, tandis que la Touraine, appartenant aux grandes gabelles, le payait soixante livres. Les contrebandiers formés en troupes nombreuses et bien armées, et d'ailleurs soutenus par les populations, livraient aux agents du fisc de véritables combats, dans lesquels ces derniers n'avaient pas toujours le dessus. La Commission déclare au ministre, en janvier 1790, qu'il est impossible de s'opposer à cette contrebande, que les forces sont insuffisantes, et que les municipalités ne se prêtent pas à la répression. « D'ailleurs, » ajoute-t-elle, « depuis un certain » temps, le pouvoir municipal de presque toutes les » villes de notre province se trouve maîtrisé par des » Comités où le peuple a la plus grande prépondé- » rance, au point que, témoin des délibérations, il » les a toujours forcées » (C. 739). On peut juger, par ce que nous avons vu depuis, de l'action profondément désorganisatrice de ces Comités.

La garde nationale, nouvellement créée, apporte, elle aussi, son contingent au désordre. Dès le mois d'avril 1790, en vertu d'une décision d'un prétendu Comité d'officiers de Chinon, cinq ou six citoyens sont, avec l'assentiment de la municipalité, mis et gardés chez eux en état d'arrestation, sous prétexte de propos injurieux proférés par eux contre la milice nationale, et cette arrestation est maintenue, malgré les réclamations et protestations du district. La Commission, saisie de l'affaire par le bureau de Chinon, après de longs considérants sur l'inconstitutionnalité d'un pareil acte, qui porte atteinte aux droits de l'homme et du citoyen, blâme fortement la municipalité de Chinon et décide que « l'Assemblée nationale » sera suppliée de vouloir bien statuer ou renvoyer » pardevant le tribunal qu'il lui plaira » (C. 737).

Bientôt éclate au mois de mai, dans les paroisses de Rochecorbon et de Vouvray, une véritable insurrection, à l'occasion des impôts établis sur les simples closiers; la Commission, à laquelle les moyens de répression manquent complétement, ne trouve rien de mieux à faire que d'écrire au contrôleur général, pour provoquer un décret de l'Assemblée nationale propre à arrêter les progrès de cette effervescence qui menace de se communiquer à d'autres communes. De toutes les parties de la France on avait alors les yeux tournés vers l'Assemblée nationale; c'était d'elle qu'on attendait le salut, oubliant trop, comme on en fit la triste et cruelle expérience, que, dans d'aussi terribles moments, ce n'est pas le tout que de prendre des décisions et de promulguer des lois, il faut encore, il faut surtout avoir la volonté et la force de les faire exécuter.

Ces continuels recours à la Commission intermédiaire, ces appels à son intervention, prouvent, qu'au milieu de l'effondrement général, elle était le seul pouvoir local, sinon obéi, du moins reconnu par le plus grand nombre. Aussi voit-on sans étonnement, à mesure que son action s'étend, se développer l'or-

ganisation de ses bureaux et augmenter d'année en
année le nombre de ses employés. Au mois de mai
1790, ce personnel ne compte pas moins de quatre
chefs de bureau, entre lesquels le travail se trouve
réparti presque comme dans une préfecture de nos
jours. Pendant l'année 1789, les frais d'administration
s'étaient élevés à 18,863 l. 2 s., dont les impressions
absorbent, il est vrai, une grande partie. Au mois de
juillet la Commission arrête à 13,364 l. 3 s. 2 d.
l'état général de ces mêmes frais, pour les six premiers mois de 1790, y compris ceux des sept bureaux
de district de la province.

Elle s'adresse pour le paiement de ces dépenses au
contrôleur général, et chaque fois il lui faut combattre pied à pied les réductions que le ministre ne
manque jamais d'opérer tout d'abord, car ce pouvoir,
dont tous les corps de la province invoquent l'appui
dans leurs embarras, n'avait ni budget ni forces effectives à sa disposition; et il faut voir là, sans doute,
la principale cause de son impuissance, malgré sa
bonne volonté, qui était grande, et ses lumières qui,
même en administration, étaient moins méprisables
que M. d'Aine veut bien le prétendre.

Le moment était proche d'ailleurs où les membres
de la Commission allaient être déchargés de la lourde
tâche que les circonstances leur avaient imposée. Dès
le 20 avril 1790, l'Assemblée nationale rendait un
décret sur la formation des nouvelles administrations
départementales et la remise qui devait leur être faite
des papiers et documents de toute nature; et, le
5 juillet, une lettre du contrôleur général informe la
Commission qu'elle aura à remettre à la future administration départementale les papiers déposés dans

ses archives. Le 13 et le 17 cependant, c'est encore
elle qui procède à l'enregistrement et à l'envoi dans
tous les districts des lettres patentes du roi; mais
dès le 26, elle cesse d'exercer tous pouvoirs sur les
communautés des districts de Richelieu et de Loudun
réunies au département de la Vienne, et, le 29, une
lettre du procureur général syndic du département
d'Indre-et-Loire annonce que l'administration dudit
département est constituée et en état de recevoir, des
mains de la Commission, les papiers concernant sa
gestion. Enfin, le 30, M. Dufrementel, président, et
M. Delaveau, procureur syndic, informent leurs collègues que le département, se regardant comme
constitué, entend transmettre avec son attache, aux
districts et municipalités, les lettres patentes arrivées
la veille. Sur quoi, la Commission, bien que n'ayant
point reçu de Versailles d'instructions positives,
déclare, par esprit de conciliation, cesser toutes fonctions, arrête à 1,045 l. 13 s. 8 d. les frais de son
administration pendant le présent mois de juillet, et
demande pour ses employés le trimestre courant
comme gratification. Une dernière séance a lieu le
4 août et le registre des délibérations de la Commission est clos et arrêté ce même jour.

Ainsi devait disparaître, sans même qu'on ait pris à
Versailles le soin de lui donner congé, la Commission
intermédiaire de l'Assemblée provinciale de Touraine.

Du 3 décembre 1787 au 4 août 1790, elle avait tenu
trois cent vingt séances, ce qui donne une moyenne
de près de trois séances par semaine. Les analyses que
nous en possédons et qui remplissent deux volumes
in-folio sont très bien faites. Dans un style clair et
précis, elles exposent nettement les différentes affai-

res traitées, ainsi que les solutions auxquelles elles ont donné lieu. La rédaction n'est pas indigne de l'homme vraiment distingué que la Commission avait eu l'a bonne fortune de s'attacher comme secrétaire greffier. C'était du reste un littérateur : Pierre-Lucien-Joseph Dreux, qui, après avoir travaillé pendant quelques années à l'*Esprit des journaux*, publié à Liége, était devenu secrétaire de M. de Vergennes, ministre des affaires étrangères. Aux approches de la Révolution, rentré à Tours, sa ville natale, il y remplit, outre les fonctions de secrétaire de la Commission intermédiaire, celles de bibliothécaire de la ville, et y publia quelques courts ouvrages de poésie et de littérature qui font regretter qu'il n'ait pas écrit davantage.

Tel fut le rôle joué par les Commissions intermédiaires, rôle dont on parle à peine aujourd'hui. Cependant, comme le remarque excellemment M. de Tocqueville, « cette rénovation soudaine et immense » de toutes les règles et de toutes les habitudes » administratives qui précéda chez nous la révolu- » tion politique, était déjà l'une des plus grandes » perturbations qui se soient jamais rencontrées dans » l'histoire d'un grand peuple. Cette première révo- » lution exerça une influence prodigieuse sur la » seconde et fit de celle-ci un événement différent » de tous ceux de la même espèce qui avaient eu » lieu jusque-là dans le monde ou de ceux qui y ont » eu lieu depuis. »

Il est donc certain que la création des Assemblées provinciales, en démantelant, pour ainsi dire, la vieille société, au moment même où elle allait avoir à subir les assauts de la Révolution, a rendu le succès de celle-ci plus prompt et plus terrible; cependant il y avait là une véritable tentative de réaction contre la centralisation excessive et énervante où l'administration française était déjà parvenue à la fin de l'ancien régime. A ce titre on aurait lieu de s'étonner qu'elle ait été jugée si sévèrement par de Tocqueville qui a passé sa vie à combattre les excès de la centralisation, si l'on ne prenait garde que son blâme porte ici non pas sur l'idée elle-même, mais sur le moment choisi pour en faire l'application. Ceux qui ont voulu se faire une arme de l'opinion du grand publiciste ont trop oublié cette distinction essentielle. Dans une note du troisième chapitre inédit du livre de *l'Ancien régime et la Révolution*, il a pourtant écrit lui-même, en parlant de l'Édit qui établissait les Assemblées provinciales : « *Je ne juge pas la valeur du changement.* » Je dis seulement qu'il s'agissait du renversement » immédiat et radical de toutes les institutions » anciennes, et que, si le Parlement et le roi s'engageaient ensemble aussi résolûment dans cette » voie, c'est qu'ils ne voyaient ni l'un ni l'autre où » ils allaient. Ils se donnaient la main dans les ténè- » bres. »

Il est permis de penser, d'ailleurs, qu'en traçant ces lignes, de Tocqueville, qui a si bien démontré que, même avant 1789, la nation française était déjà devenue la plus démocratique de l'Europe, n'avait point oublié ce passage du livre de la *Démocratie en Amérique*, où il dit ceci : « Je crois les institutions » provinciales utiles à tous les peuples; mais aucun » ne me semble avoir un besoin plus réel de ces » institutions que celui dont l'état social est démo- » cratique. »

Assurément, il y avait là un essai de gouvernement du pays par lui-même, dont la pensée émise par Fénelon avait été dans la suite développée par Turgot et par Necker, et qui, appliquée plus tôt et dans des temps moins agités, aurait pu avoir les résultats les plus heureux. Mais il en est toujours ainsi en France : tant que le pays reste tranquille à la surface et que la machine gouvernementale paraît en état de fonctionner encore, on traite de rêveurs et de brouillons ceux qui réclament les réformes même les plus légitimes ; on ne se décide à en essayer l'application que dans les moments de crise. Alors, comme le temps presse, que le sol tremble déjà, que les ouvriers sont d'ailleurs mal préparés, on abat d'un côté sans édifier de l'autre rien qui puisse servir et durer. Les éternels ennemis de toute réforme, toujours très-nombreux dans une vieille société, triomphent et profitent de l'événement pour ramener les esprits à l'ancienne routine dont ils n'essaieront de sortir que par suite d'une nouvelle commotion, et l'on marche ainsi de secousse en secousse, jusqu'à ce que la machine, enfin usée, finisse par se détraquer complétement.

En terminant cette étude, tout esprit réfléchi et préoccupé des véritables intérêts du pays se demandera naturellement ce qu'il doit penser de l'avenir réservé aux Commissions départementales, évidemment calquées sur les Commissions intermédiaires, et si le législateur de 1871 est en droit d'espérer un meilleur résultat que celui de 1787 ? Sans doute les temps ne sont guère plus favorables aujourd'hui qu'ils ne l'étaient à la fin du siècle dernier pour faire une semblable expérience, et l'on peut répondre

tout d'abord que le sort de la nouvelle institution est
entièrement subordonné à la marche générale des
affaires. Cependant, comme, en 1871, on a été du
premier coup bien moins loin qu'en 1787, comme on
a porté sur les anciens rouages administratifs une
main plus discrète et plus réservée, il est permis d'espérer que le succès sera plus heureux, surtout si
l'on a soin', dans chaque département, de ne confier
les nouveaux pouvoirs qu'à des hommes également
prudents, capables, et dévoués au bien public. Tout
dépend de là, en effet, car, en cette circonstance où il
s'agit de résoudre le problème, si difficile et si déli-
cat, de la coexistence d'un pouvoir administratif élu
et d'un pouvoir administratif nommé, la mécanique
des lois doit être comptée pour peu de chose. L'institution ne vaudra que par les hommes qui la met-
tront en œuvre. Mais, il ne faut pas s'y méprendre,
il y a là un germe fécond, et si les événements le
favorisent, il est susceptible d'atteindre un dévelop-
pement que n'ont peut-être pas prévu tous ceux qui
l'ont introduit dans la législation française.